KB232874

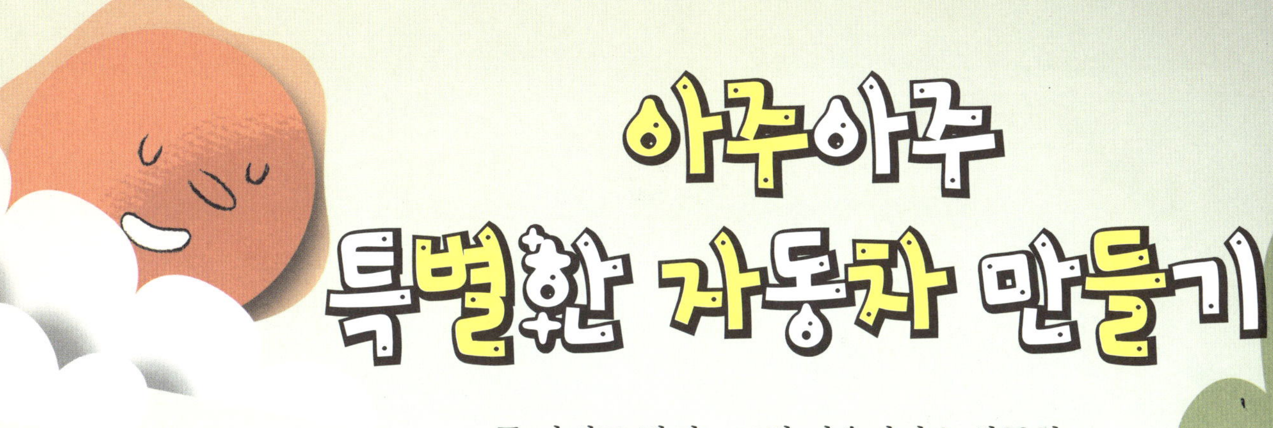

글:다비드 칼리, 그림:마우리지오 산투치

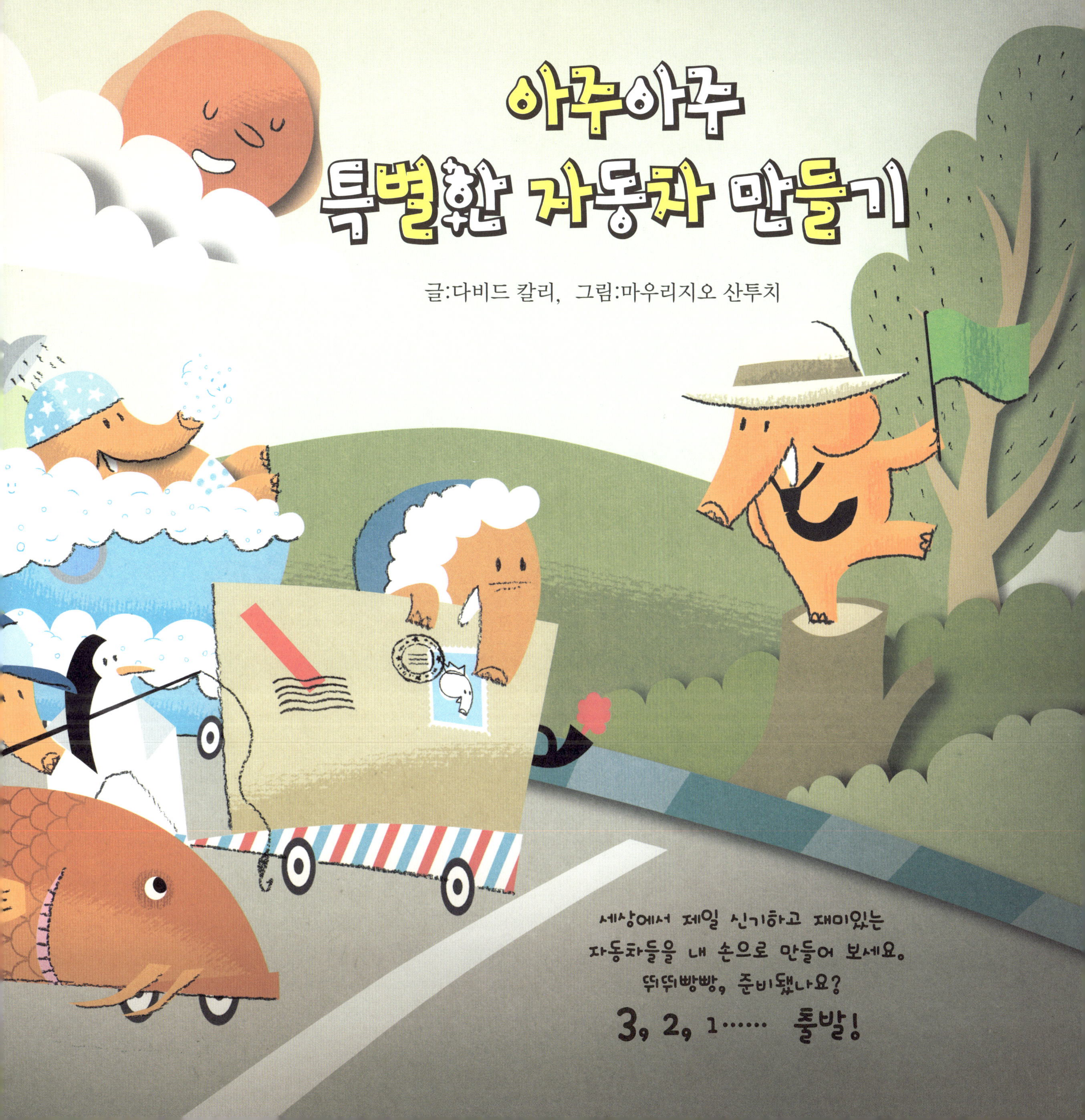

세상에서 제일 신기하고 재미있는
자동차들을 내 손으로 만들어 보세요.
뛰뛰빵빵, 준비됐나요?
3, 2, 1...... 출발!

킁킁 냄새 맡는 멍멍카

가고 싶은 곳은 어디든지
킁킁 냄새를 맡아서 정확히 찾아가요.
새총으로 과자를 던져 주면
긴 혀로 날름 받아먹지요.

쿵쿵 냄새 맡는 멍멍카

코 옆에 난 짧은 수염은 멍멍카의 안테나 기능을 해요. 가고 싶은 곳을 말하면 움찔움찔하다가 빙그르르 돌아가지요.

길고 커다란 혓바닥은 주인이 던져 주는 과자를 놓치는 적이 전혀 없어요.

하지만 과자를 너무 멀리 던지면 갑자기 속도가 빨라지니까 조심해야 해요.

이 차의 장점

특히 주차장을 잘 찾아내지요. 복잡한 곳을 가더라도 주차는 걱정하지 마세요.

이 차의 단점

식당 앞을 지나갈 때 맛있는 음식 냄새를 맡느라고 잠깐 멈춰 설 때가 있어요.

주의할 점

감기에 걸리지 않도록 조심해야 해요. 특히 코감기에 걸리면 안 돼요. 그러면 냄새를 못 맡거든요.

따끔따끔 선인장차
알레르기가 있는 분들을 위한 특별 차!
따끔따끔 따가운 가시 때문에
강아지가 가까이 따라오지 못해요.

따끔따끔
선인장차

뾰족한 가시가 가득 박힌 선인장 차를 타 보세요. 특히 강아지를 좋아하기는 하지만, 알레르기 때문에 강아지를 키우지 못했던 분들을 위해 만든 차예요.
선인장차에는 따가운 가시가 잔뜩 있어서 강아지가 가까이 오지 못하지요. 대신 뼈다귀를 가끔 던져 주면 강아지가 다른 데로 가지 않고 잘 따라와요.

이 차의 장점

알레르기가 심한 사람도 마음 놓고 강아지를 기를 수 있어요.
강아지가 가까이 오지 못하니까요.

이 차의 단점

차를 탈 때는 늘 조심해야 해요.
그렇지 않으면 따가운 선인장 가시에 푹 찔릴 수도 있어요.

주의할 점

잘못해서 선인장의 가시가 모두 빠지게 되면 강아지가 가까이 올 수도 있어요.

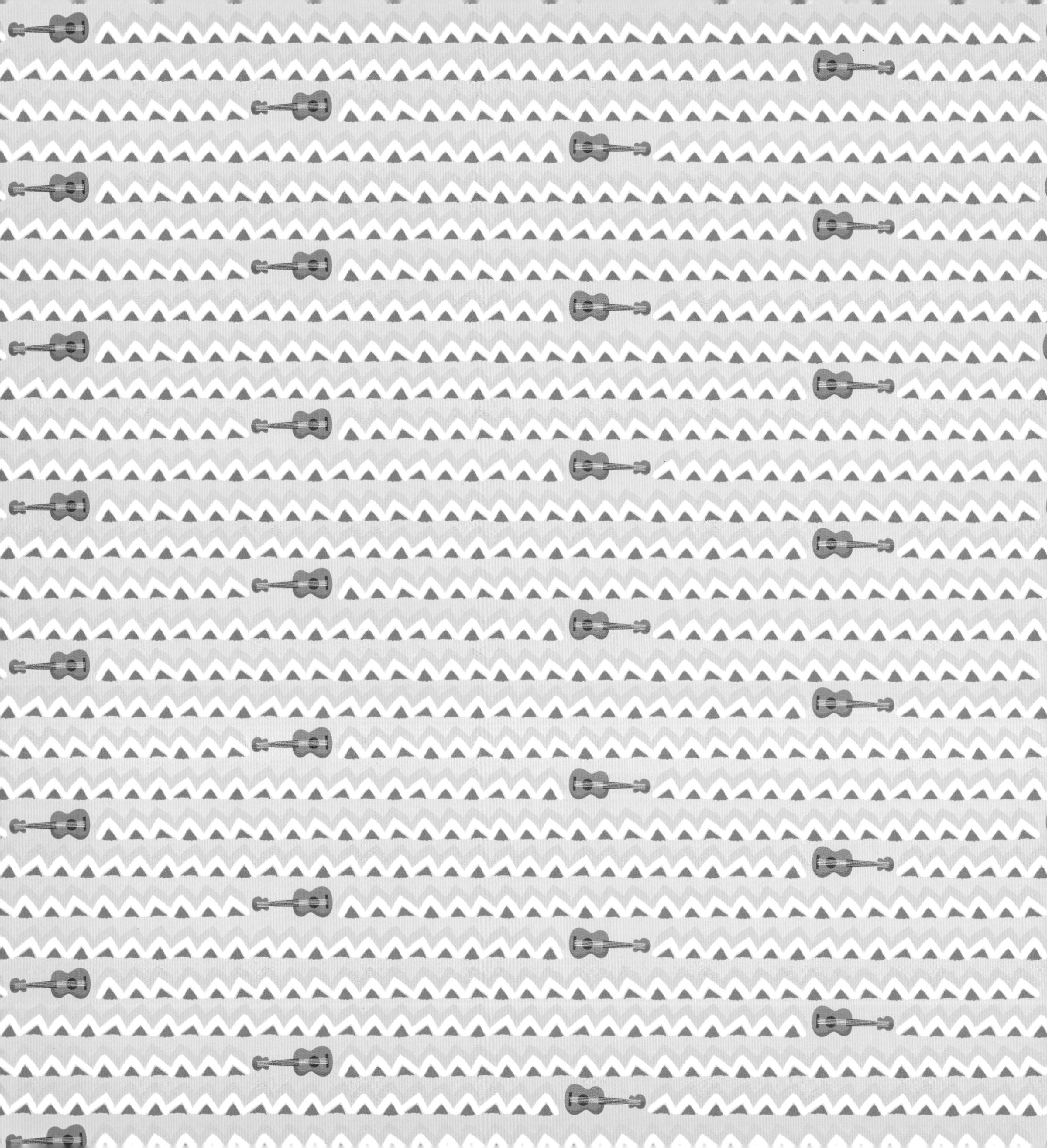

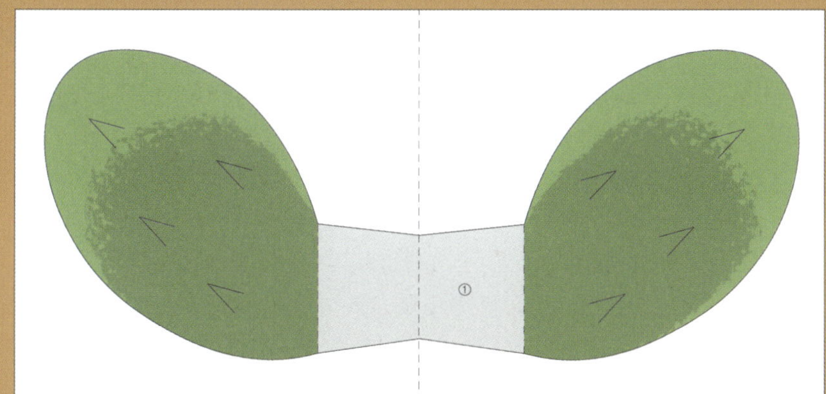
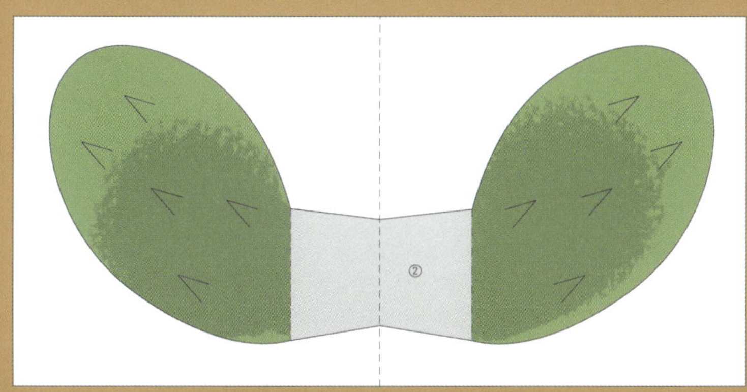

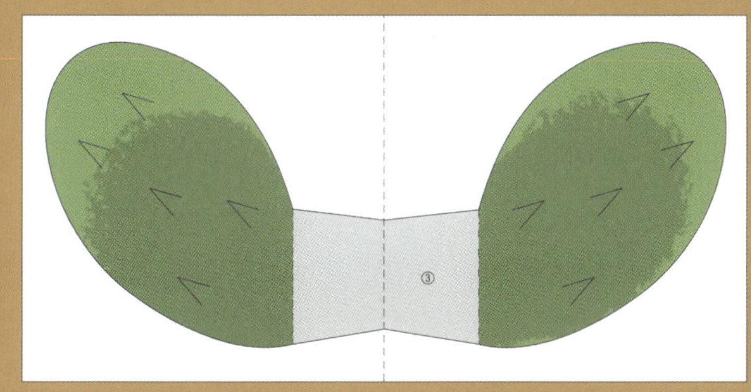
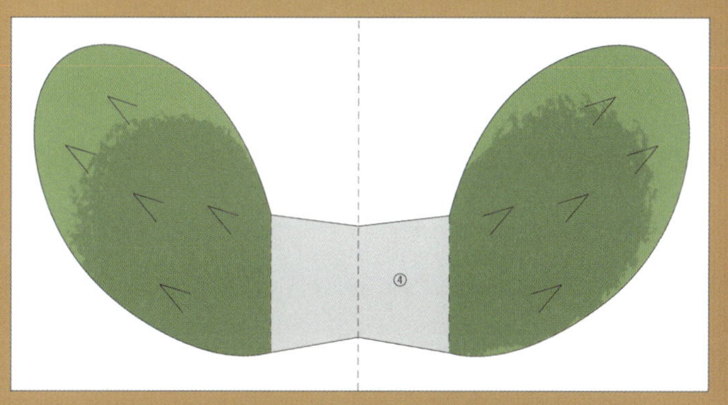

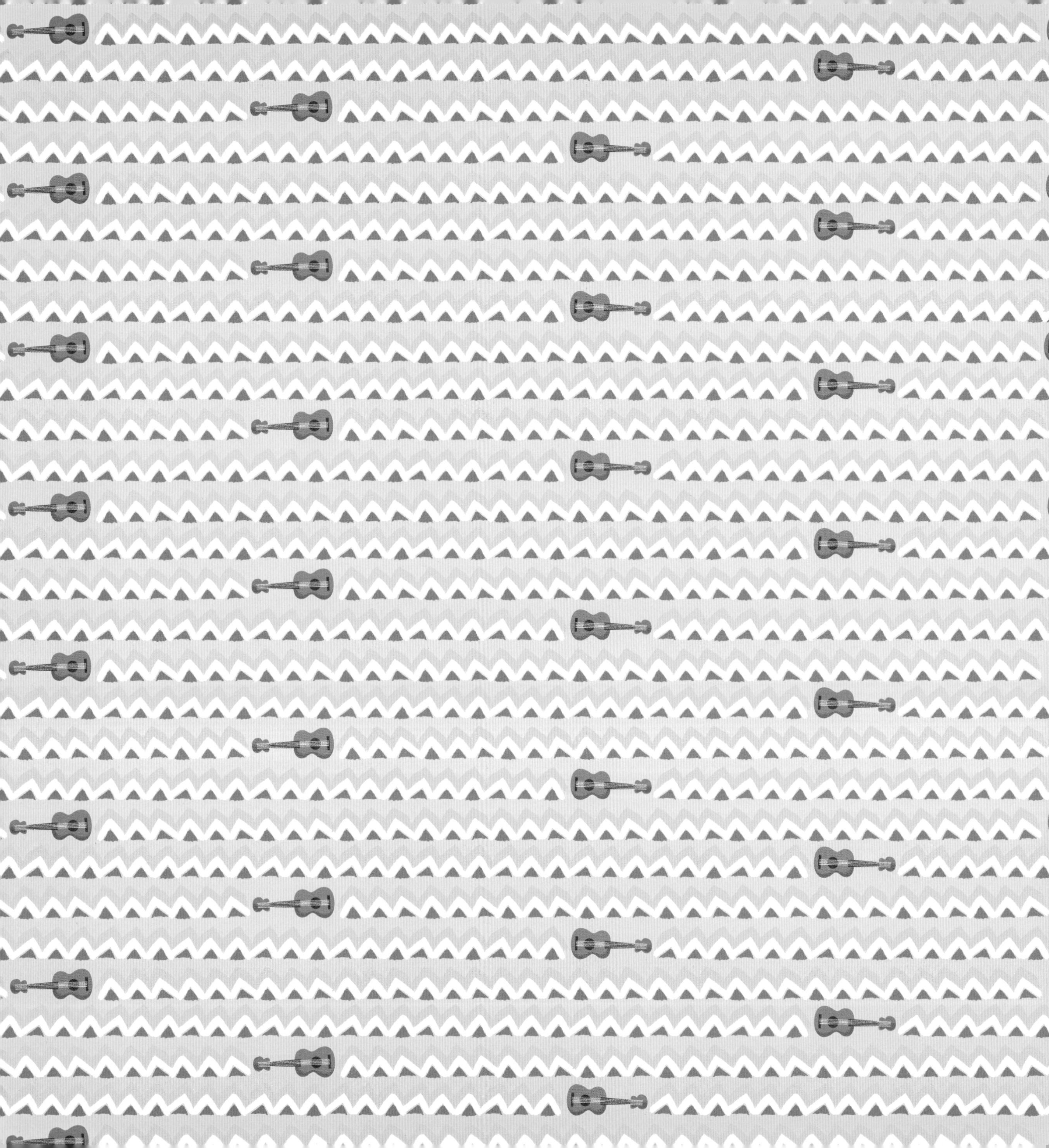

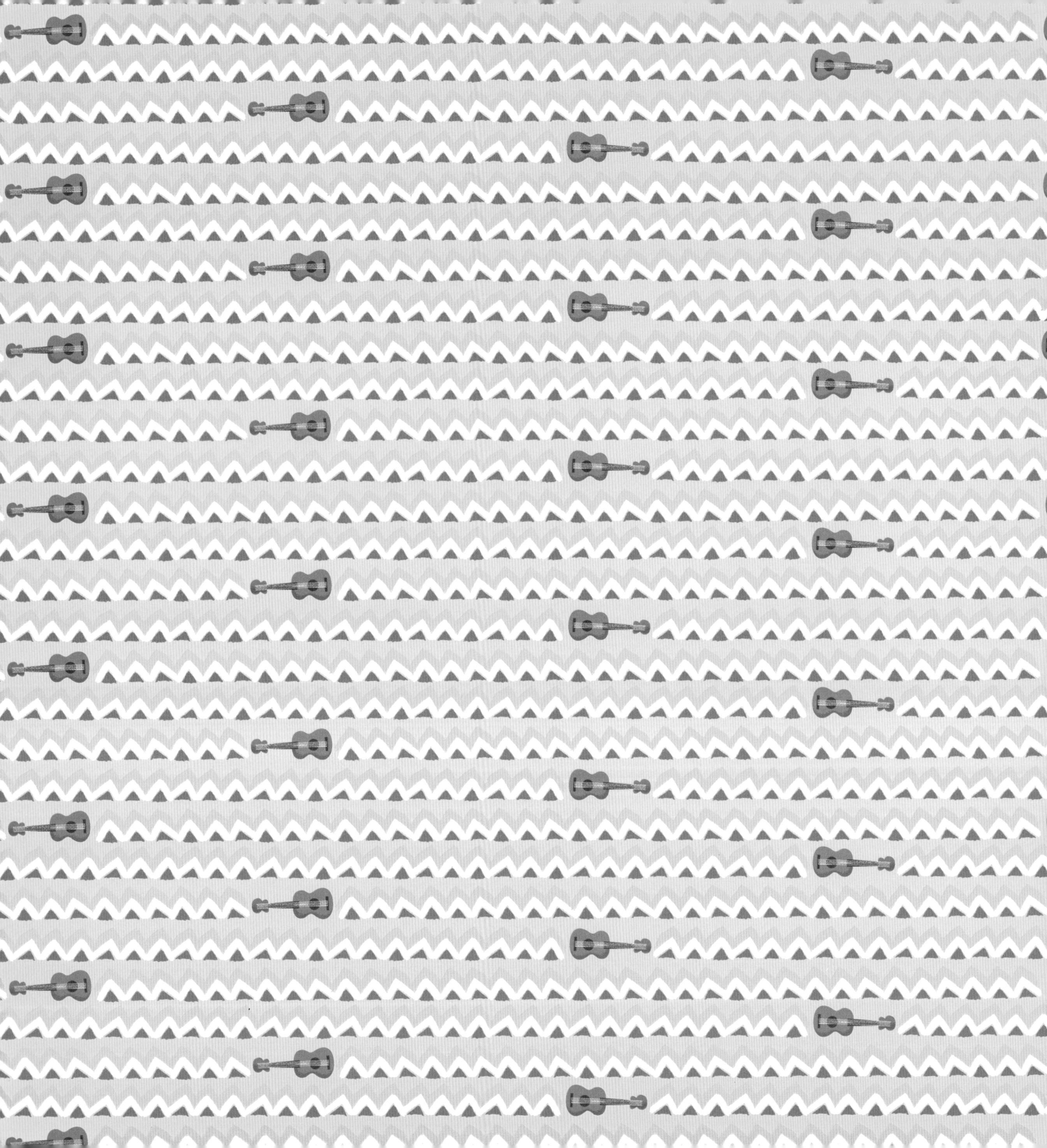

첨벙첨벙 물고기 자동차
여름이 오면 물고기 자동차를 타고
신 나는 낚시 여행을 떠나 보세요!

첨벙첨벙 물고기 자동차

커다란 물고기 모양의 자동차를 타고 철썩철썩 파도가 치는 바다로 갈 생각만 해도 정말 시원하고 기분 좋을 것 같지요?
게다가 이 차는 땅에서는 자동차, 바다에서는 배로 탈 수 있어요. 아마 물고기를 한 마리도 못 잡아도 다른 사람들은 자동차를 보고 내가 아주 커다란 물고기를 잡았다고 생각할걸요?

이 차의 장점

멋진 물고기 모양이어서 다른 물고기들이 친구인 줄 알고 가까이 다가와요.

이 차의 단점

자주 세차를 해야 해요. 매일 깨끗하게 닦아 주지 않으면, 차에서 비린내가 날 수도 있거든요.

주의할 점

세차를 할 때마다 비늘이 떨어지지 않도록 조심해야 해요.

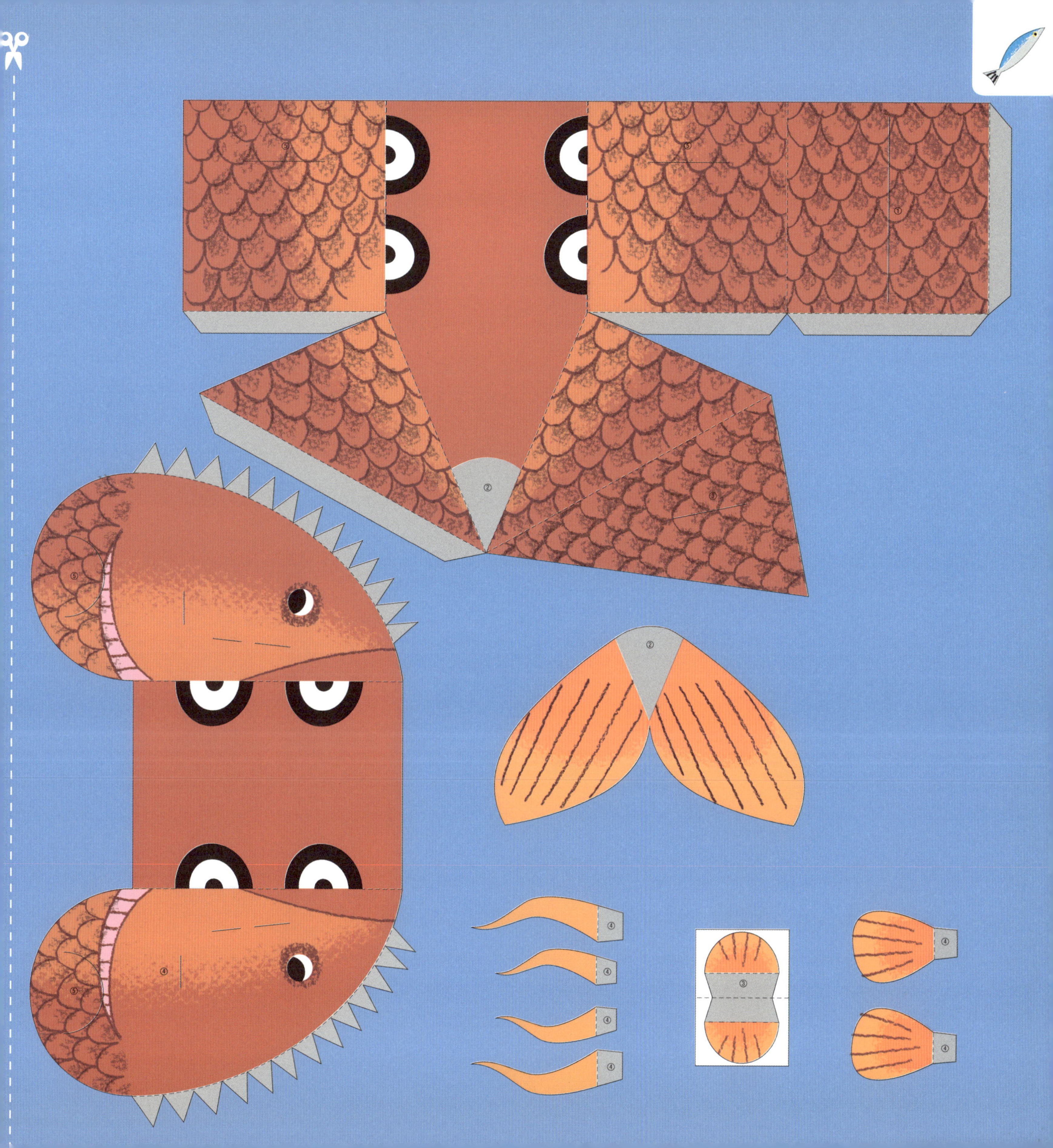

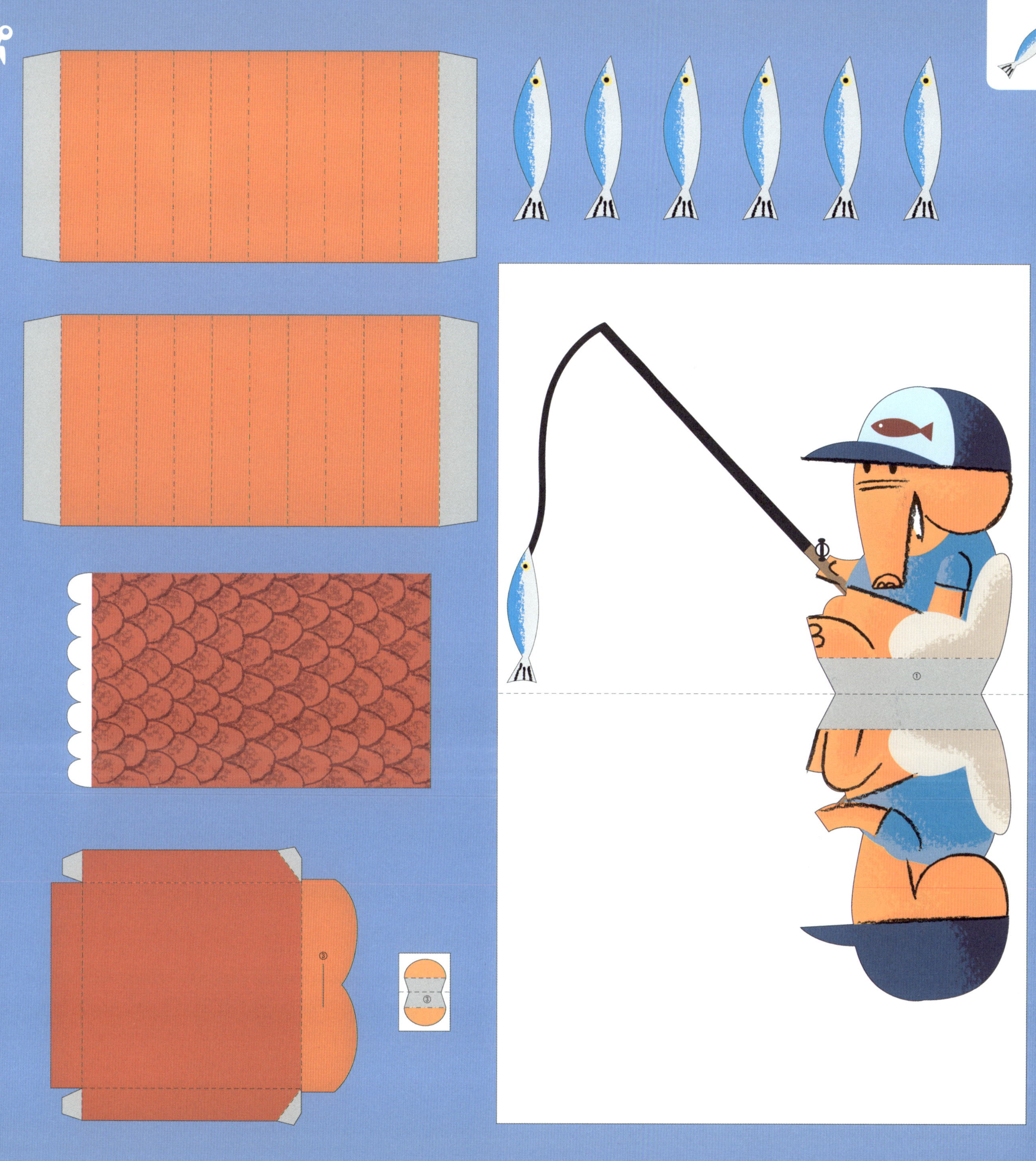

집으로 배달하는 소포 자동차

주차할 곳이 없다고요? 걱정 마세요.
차를 집으로 보내 버리면 되거든요.

집으로 배달하는 소포 자동차

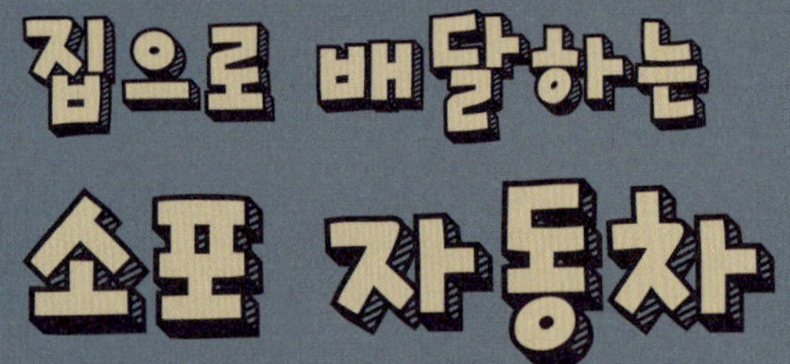

어디를 가든지 주차할 곳 때문에 고민할 필요가 전혀 없는 차예요. 왜냐하면 이 차는 주차할 곳이 없을 때 바로 집으로 보낼 수 있는 소포 자동차거든요.

그런데 갑자기 어디서 우표를 사냐고요? 그것도 걱정하지 마세요. 우표 자판기도 세트로 같이 있어서 필요한대로 뽑아 쓸 수 있지요. 정말 재밌고 신기하지요?

이 차의 장점

소포, 편지, 우표를 이용해서 우체국 놀이를 할 수 있어요. 편지도 쓸 수 있고요.

이 차의 단점

운전하다가 잠시 멈춰 있을 때, 우편집배원 아저씨가 모르고 그냥 가져갈 수도 있어요.

주의할 점

주소를 정확하게 쓰지 않으면, 엉뚱한 곳에 갈 수도 있어요. 집 주소는 잘 알고 있지요?

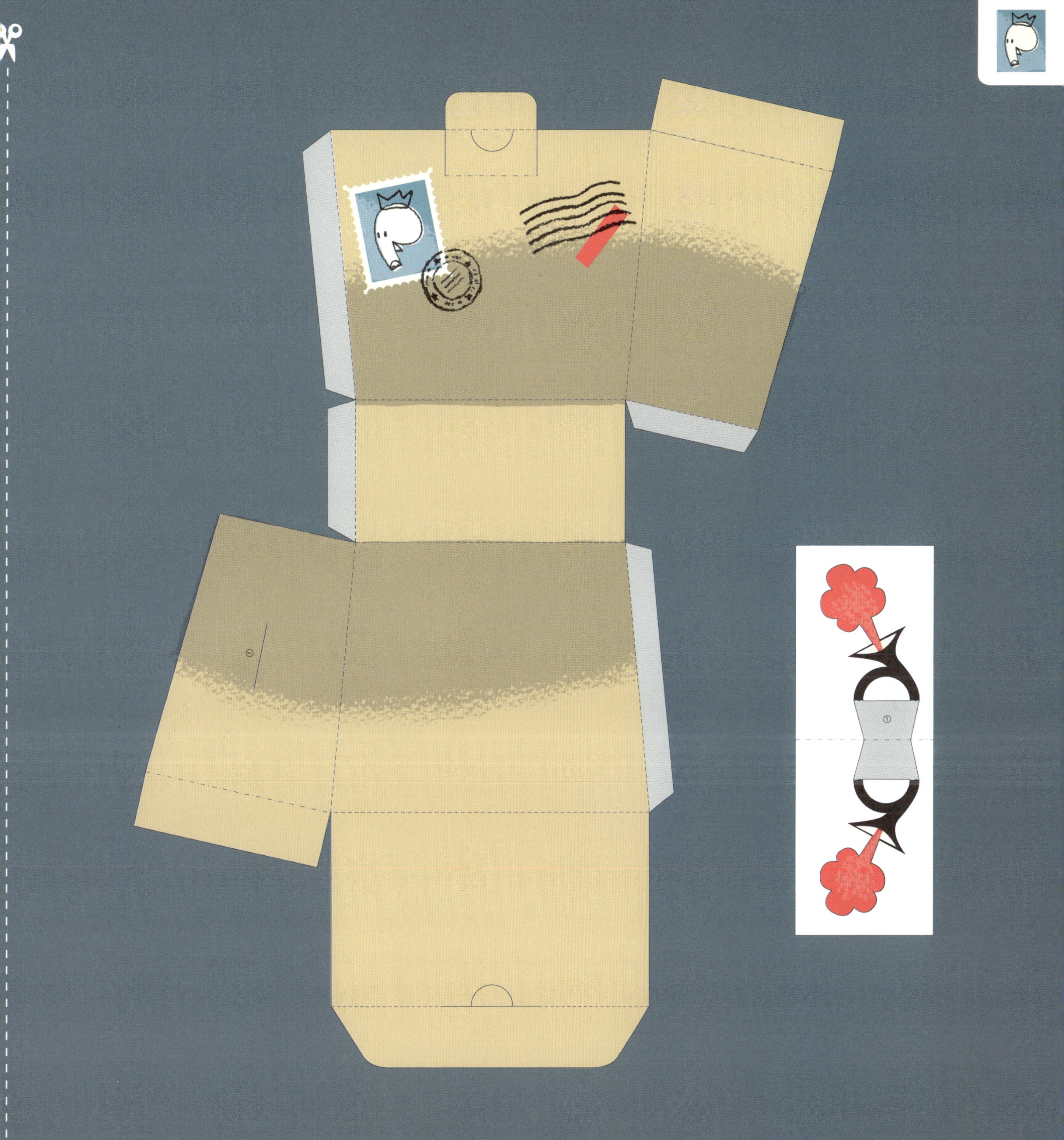

보글보글 거품 목욕차
새하얀 비누 거품이 보글보글.
차를 타면서 목욕할 수 있다니, 정말 놀랍죠?

보글보글 거품 목욕차

너무 바빠서 씻을 시간이 없을 때 아니면 바깥 구경을 하면서 목욕을 하고 싶을 때, 보글보글 거품 목욕차를 타 보세요.

우아하게 거품 목욕을 하면서 목적지까지 즐겁게 갈 수 있어요. 날씨가 더운 날에는 시원하게 샤워도 할 수 있고요.

뽀송뽀송하게 잘 닦고 나면 도착! 정말 맘에 드는 멋진 차지요?

이 차의 장점

목욕을 하면서 세차도 한꺼번에 할 수 있어요. 아주 편리하고 깔끔하지요.

이 차의 단점

빨리 달리면 물이 넘칠 수도 있어요. 그리고 차 밖으로 거품이 흐르지 않게 주의해야 해요.

주의할 점

옷을 벗거나 거품을 씻어 낼 때, 조심하지 않으면 다른 사람들에게 내 알몸을 보일 수도 있어요.

1.00
.00

푹신푹신 소파 자동차
밖에 나가서도 편안한 소파에 앉고 싶다면, 바로 이 차!
공원에서도 우리 집 거실 같은 기분을 느낄 수 있어요.

푹신푹신 소파 자동차

"우리 집 소파가 최고야! 제일 편해!"라고 생각하는 사람들을 위한 푹신푹신 소파 자동차예요.

소파 아래쪽에는 서랍이 있어서 음식이나 물건을 넣어 둘 수 있어요. 피크닉 가방과 돗자리도 따로 있지요.

언제 어디서나 소파에 앉아 편안한 기분을 느끼고 싶다면 이 차를 타 보세요.

이 차의 장점

딱딱한 바닥 대신 푹신한 소파! 특히 비가 온 뒤, 축축한 풀밭에 앉지 않아도 되지요.

이 차의 단점

너무 편안해서 아무데서나 쿨쿨 잠이 들지도 몰라요. 운전할 때 자면 절대로 안 돼요!

주의할 점

만약 음식을 먹다가 흘리면 소파의 커버를 모두 갈아야 해요. 무언가 먹을 때는 조심해야 해요.

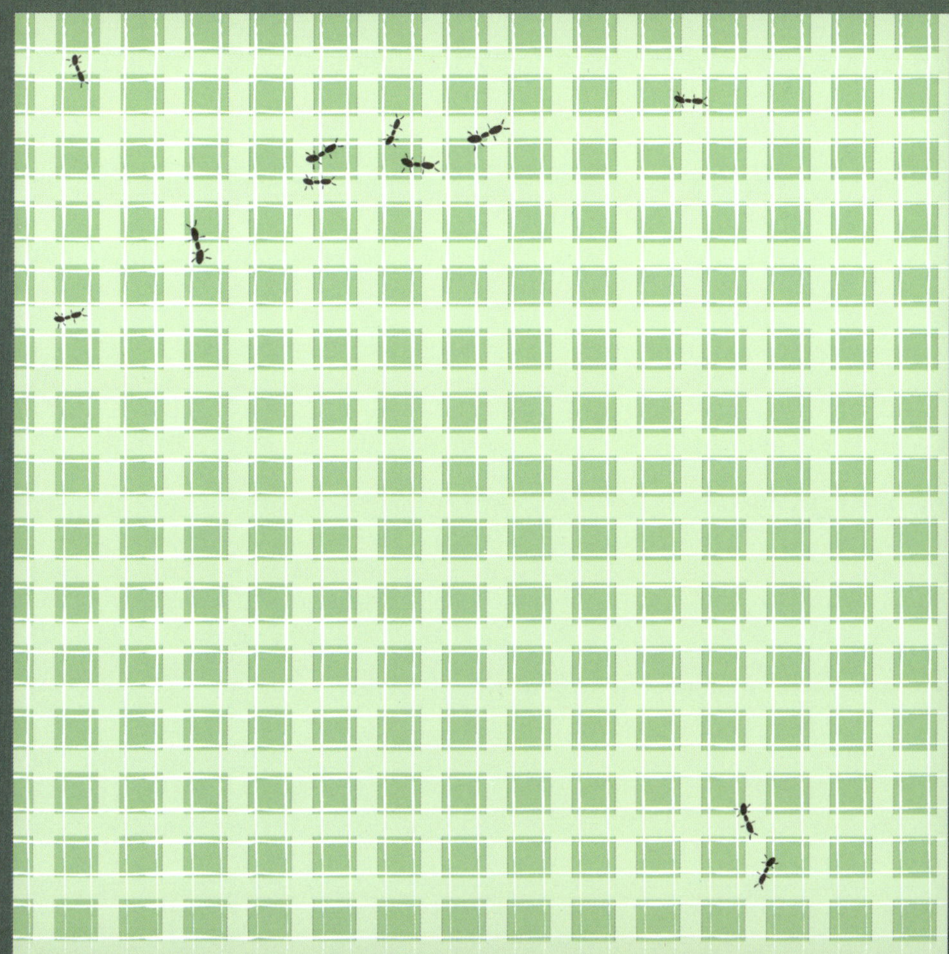

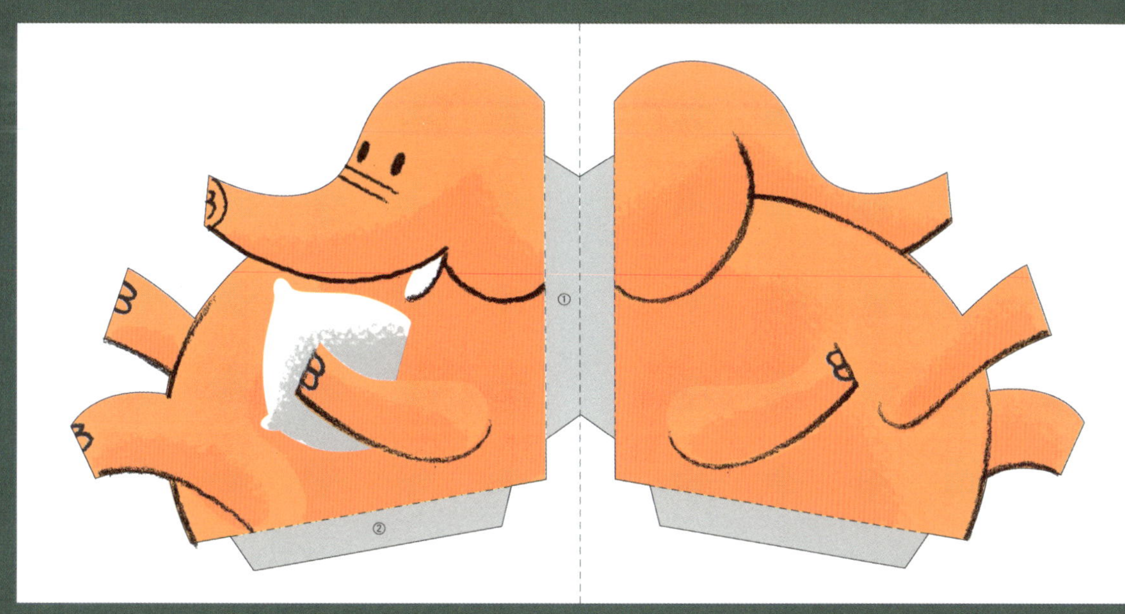

하늘을 나는 기러기차

자동차를 타고 하늘을 나는 기분은 어떨까요?
우리 모두 기러기차를 타고 구름 속을 날아 봐요!

하늘을 나는 기러기차

하늘을 훨훨 나는 자동차를 본 적 있나요? 새들처럼 푸른 하늘을 마음대로 날 수 있다면 정말 기분이 좋을 것 같아요.

기러기와 똑같이 생긴 이 차는 훨훨 하늘을 날 수도 있고, 물론 다른 자동차처럼 씽씽 땅 위를 달릴 수도 있어요.

기러기차를 타고 하늘 높이 곤충을 잡으러 가 볼까요?

이 차의 장점

도로 위에 차가 많아서 길이 막힐 때는 하늘을 날아서 목적지에 빨리 갈 수 있어요.

이 차의 단점

진짜 기러기들이 자꾸 따라와요. 그리고 흐린 날에는 구름 때문에 앞이 잘 안 보여요.

주의할 점

하늘은 아주 넓지만 그래도 새들이나 비행기와 부딪히지 않게 주위를 잘 살펴봐야 해요.

내 맘대로 패션모델 옷장차,,,
상황에 따라, 장소에 따라 변신하는 진짜 멋쟁이!
옷장차만 있으면 누구나 멋쟁이가 될 수 있어요.

내 맘대로 패션모델
옷장차

때와 장소에 따라 멋진 변신을 하고 싶나요? 그렇다면 이 차를 한 번 타 보세요. 여러 가지 옷이 옷장 가득 꽉 차 있거든요.
특히 핼러윈일 때, 드라큘라 백작이나 슈퍼맨 또는 해골로도 변신할 수 있어요.
옷에 무언가 흘렸을 때도 집까지 갈 필요 없이 간단하게 옷을 갈아입을 수 있지요.

이 차의 장점

차가 막히거나 신호등에 걸렸을 때 짧은 시간을 이용해 옷을 갈아입을 수도 있어요.

이 차의 단점

매일 잘 정리해 두지 않으면, 뒤죽박죽되어서 어디에 무슨 옷이 있는지 알 수 없어요.

주의할 점

옷을 갈아입을 때, 서두르지 않으면 다 갈아입지 못한 채로 운전하게 될지도 몰라요.

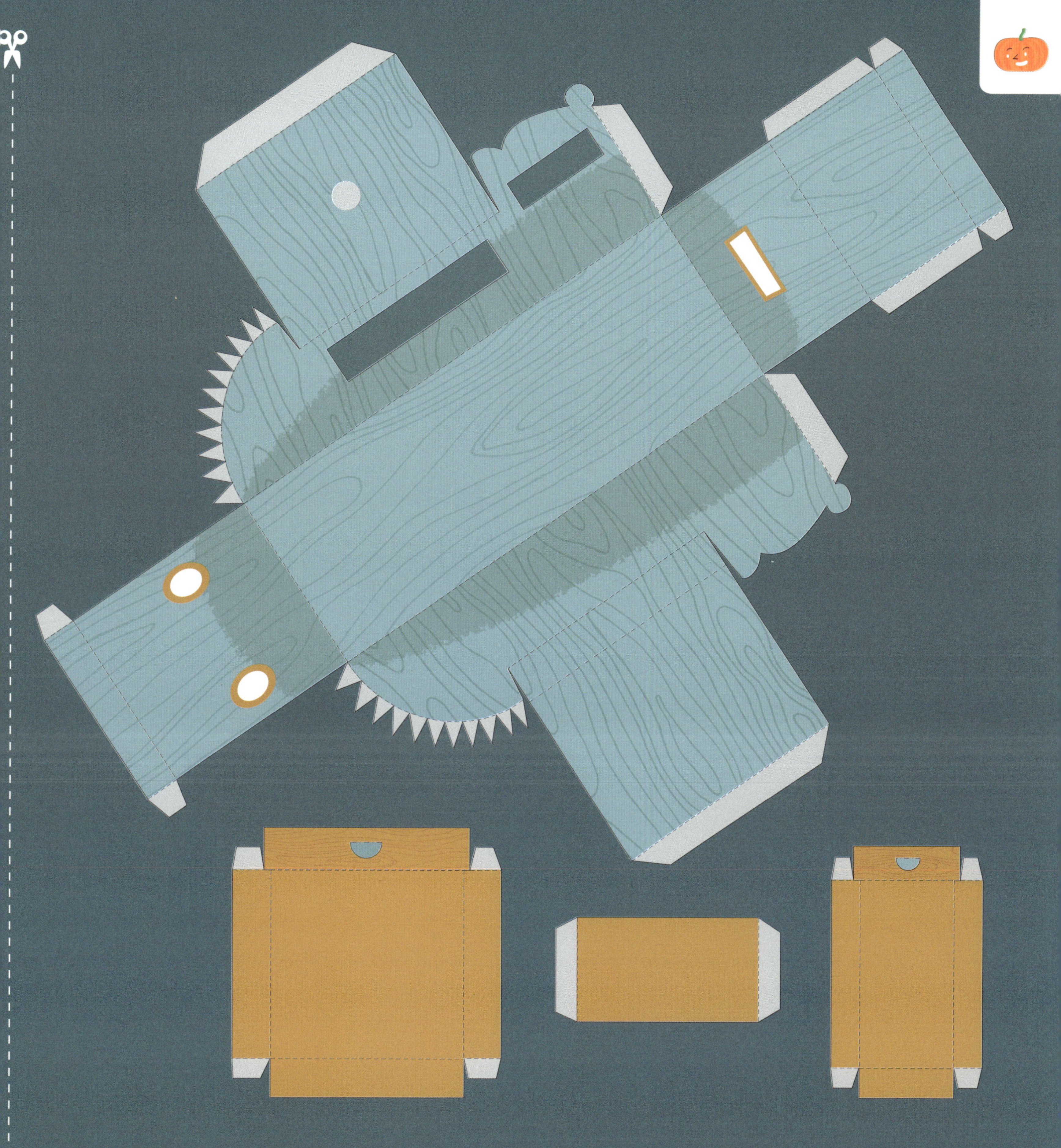

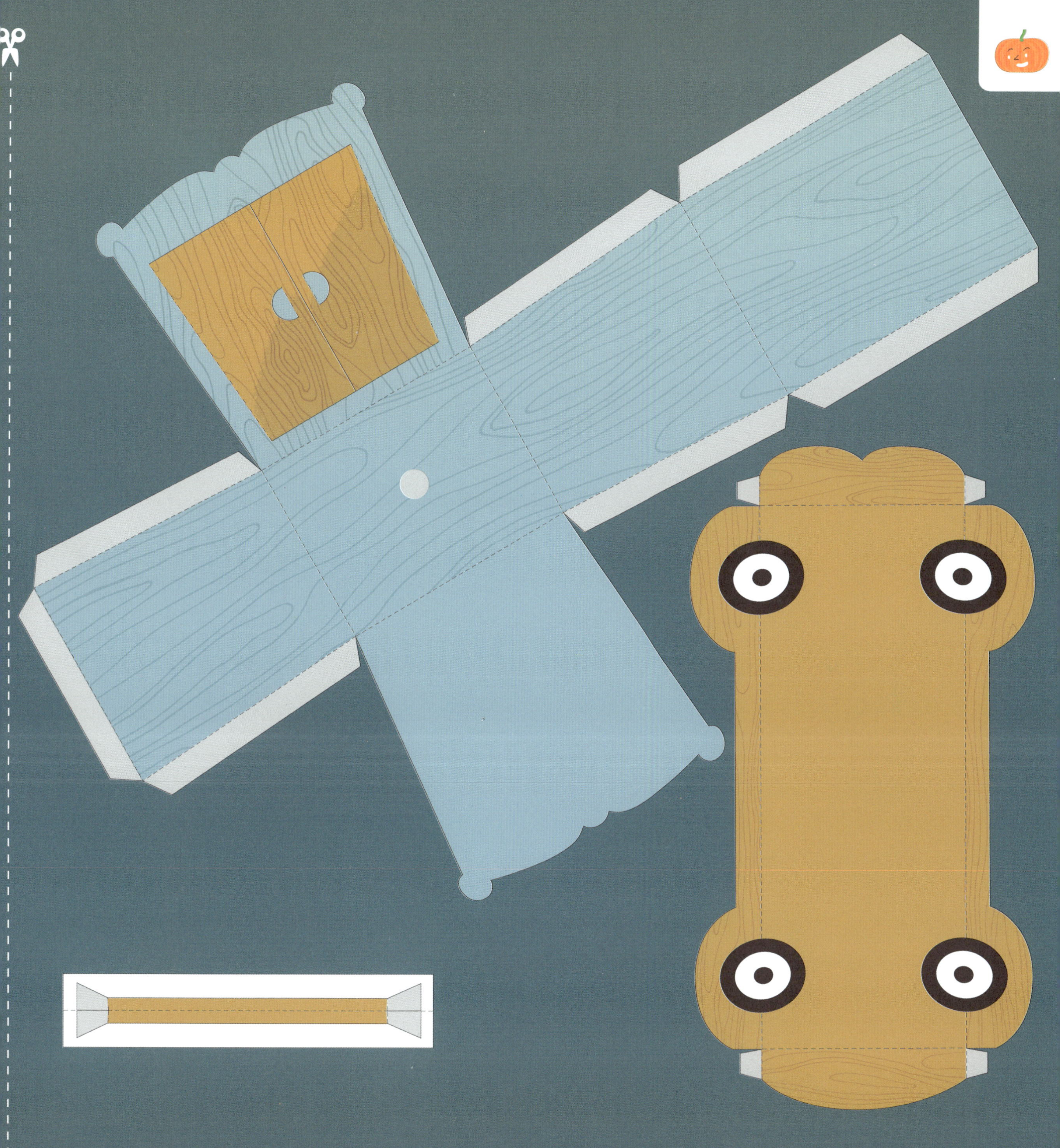

자, 눈을 감고 곰곰이 생각해 보세요.
내가 정말 갖고 싶은 차는
어떻게 생겼는지, 어떻게 움직이고,
무슨 일을 할 수 있는지 말이에요.
다 떠올렸으면 이제 만들어 볼까요?

나만의 특별한 자동차 만들기

내가 상상한 자동차의 모양을 그려 보세요. 그리고 예쁘게 색칠해 보세요. 그런 다음에 잘 자르고 접어서 붙여 보세요.

실수하지 않도록 천천히 잘 생각하며 만들어 보세요. 다른 종이에 미리 연습해서 그려 본 다음에 해 보는 것도 좋은 방법이에요. 부족한 부분이 있으면 다른 종이에 그려서 덧붙여 완성하세요.

움직이는 애니메이션 수첩

애니메이션 수첩을 만드는 방법은 아주 간단해요.

우선 12장을 모두 잘라서 순서대로 겹쳐 놓으세요. 그리고 왼쪽을 풀칠해서 붙이거나 스테이플러로 꽉 집으면 끝이에요.

완성된 수첩을 왼손으로 꼭 잡고 오른손으로 좌르륵 넘기면 휙 하고 하늘을 날아가는 기러기차를 볼 수 있을 거예요.

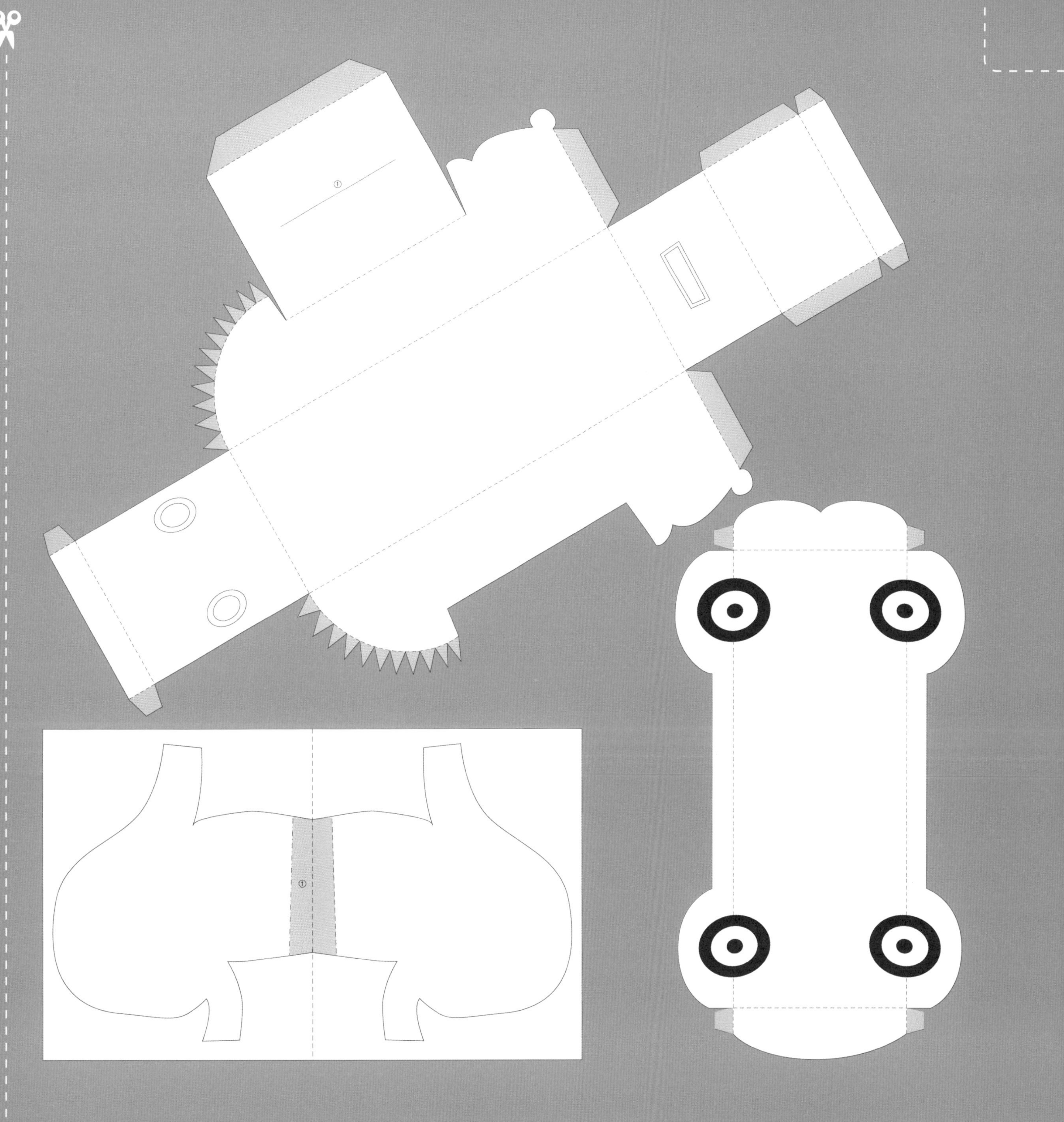

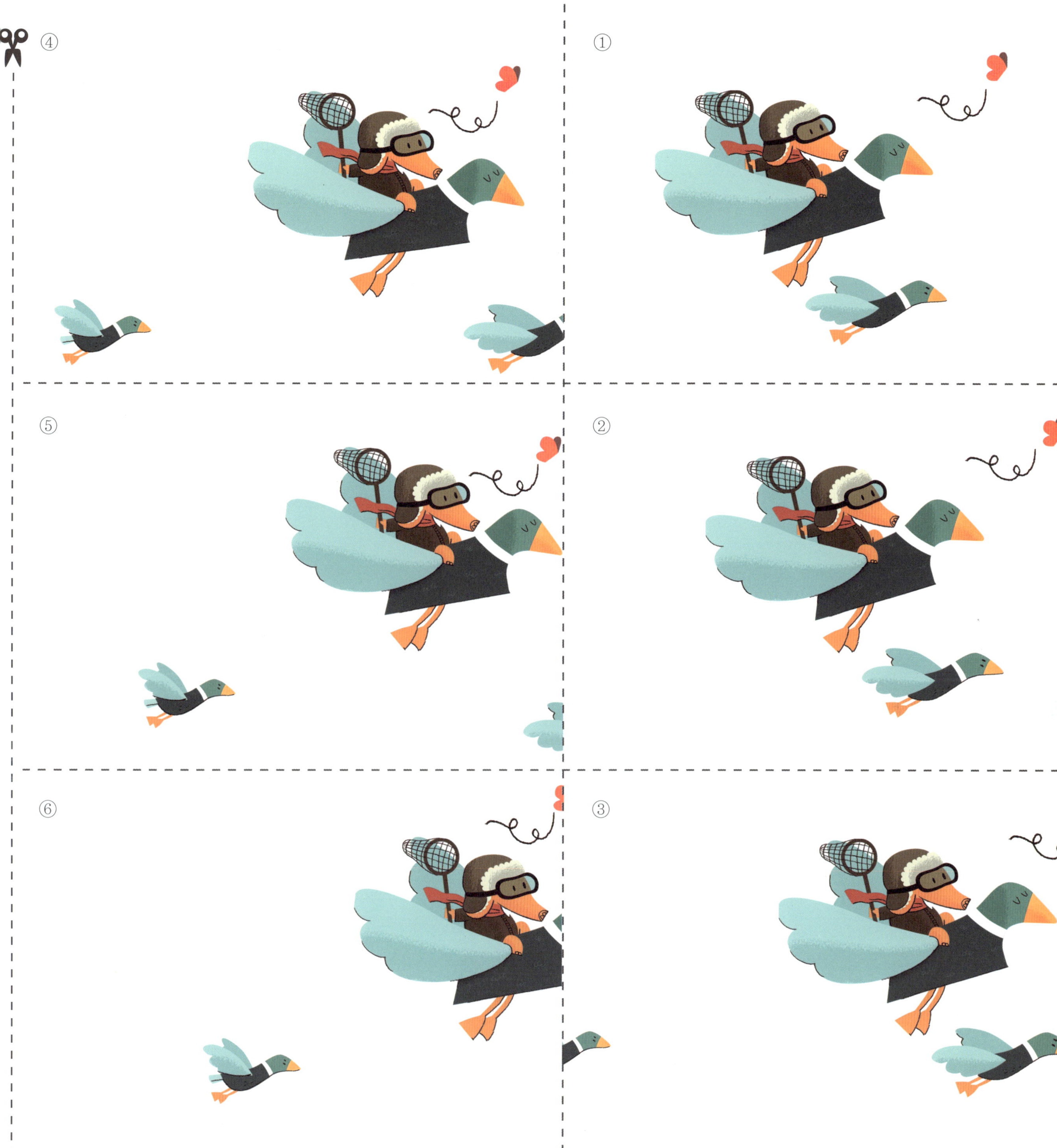

아주아주 특별한 자동차 만드는 법

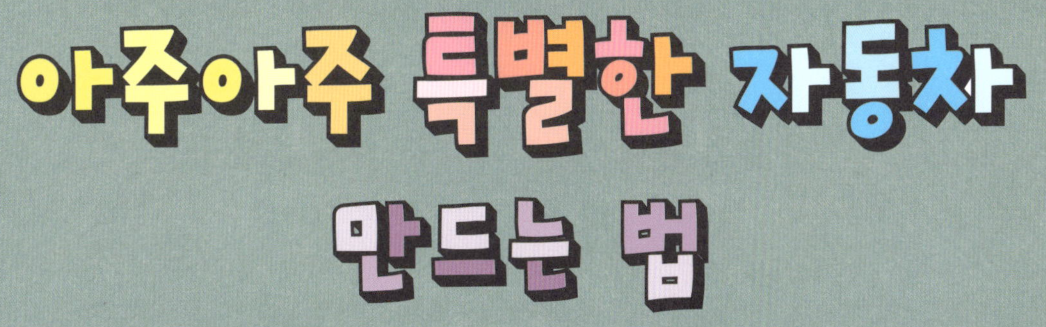

결코 어렵지 않아요!
천천히 순서대로 따라하면
어느새 아주아주 특별한 자동차가
멋지게 완성되어 있을 거예요.
그러니까 걱정 말고 시작해 보세요!

아주아주 특별한 자동차 만드는 법

아주아주 특별한 자동차를 만드는 방법은 모두 똑같아요. 정말 간단하지요.
가위로 테두리를 자르고, 선을 따라 접고, 풀로 붙이기만 하면 되거든요.
하지만 한번 실수하면 고치기 어려우니까, 잘 보고 순서대로 만드는 것이 제일 중요해요.

필요한 준비물

만드는 법

———————	자르기
- - - - - - -	바깥으로 접기
— - — - — -	안쪽으로 접기
●	풀칠하기

자르는 방법

가위로 자르는 선에 맞춰 틈이 없게 잘라야 해요.
삐뚤삐뚤 자르면 예쁘게 만들어지지 않아요.

주의할 점

다음은 실수하기 쉬운 부분이에요. 꼭 조심해야 해요.

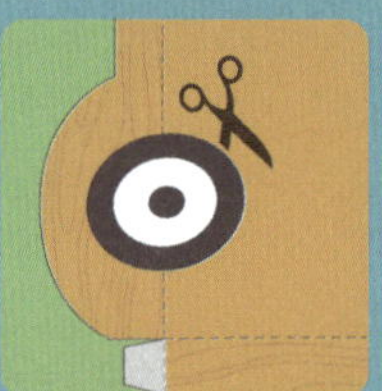

바퀴 자르기

바퀴는 둘레를 반만 잘라야 해요. 그렇지 않으면 바퀴가 자동차에서 뚝 떨어져 버려요.

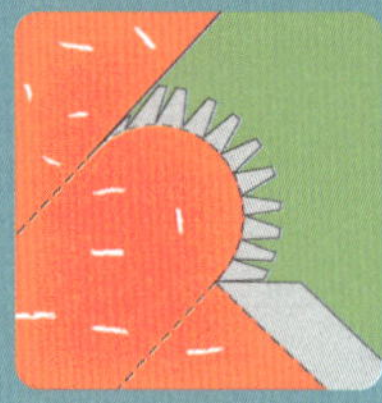

톱니 모양 자르기

이 부분은 자르기가 힘든 부분이에요. 칼로 자르면 좀 더 쉽게 자를 수 있어요. 대신 손 조심하는 거 잊지 말아요.

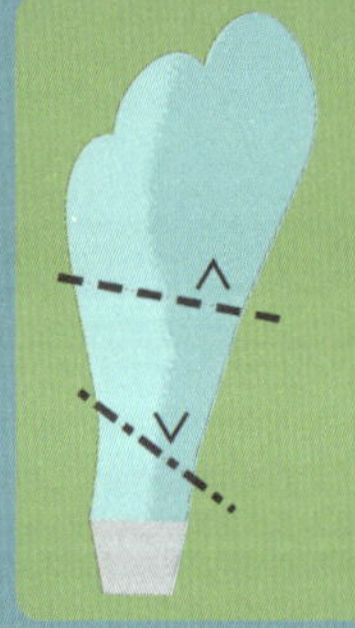

접는 방법

위쪽의 선은 산처럼 올라오게 바깥으로 접는 것이고, 아래 선은 골짜기처럼 내려가게 안쪽으로 접는 것이에요. 헷갈리면 안 돼요. 완성된 자동차를 확인하며 천천히 접으세요.

전체 풀칠하기

앞뒷면 전체를 붙여야 할 때는 위치를 잘 맞춰서 풀칠을 먼저 하고 나서 마른 다음에 가위로 오리는 것이 편해요.

자, 이제는 잘할 수 있겠죠?
시작해 보세요!

쿵쿵 냄새 맡는 **멍멍카**

 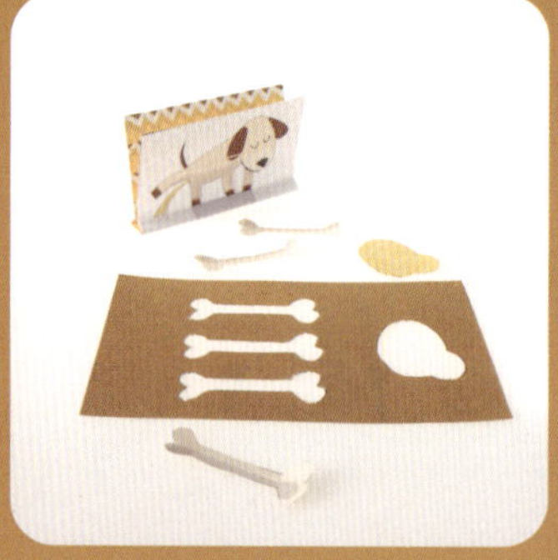 

따끔따끔 **선인장차**

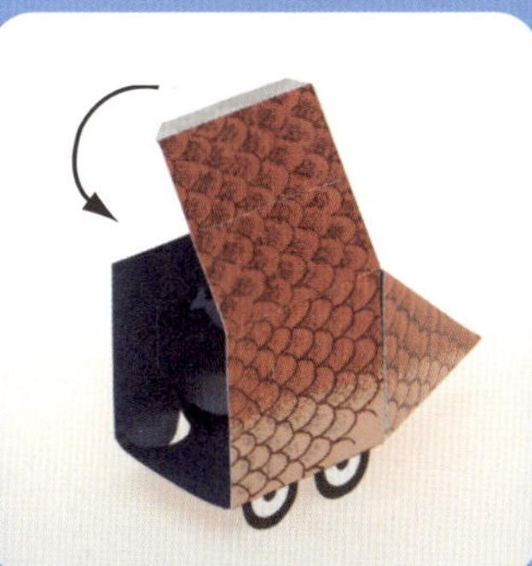
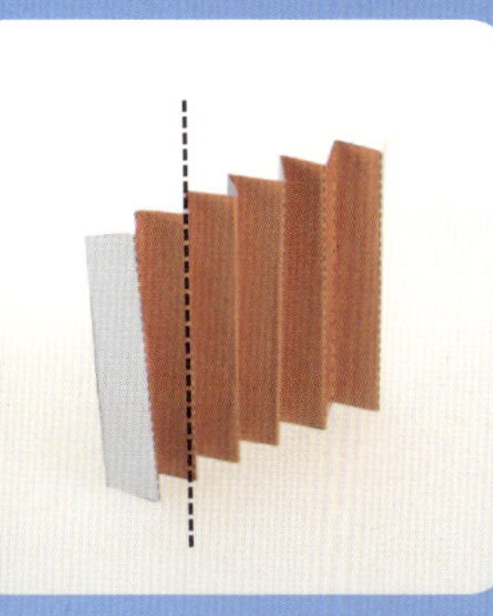

첨벙첨벙 **물고기 자동차**

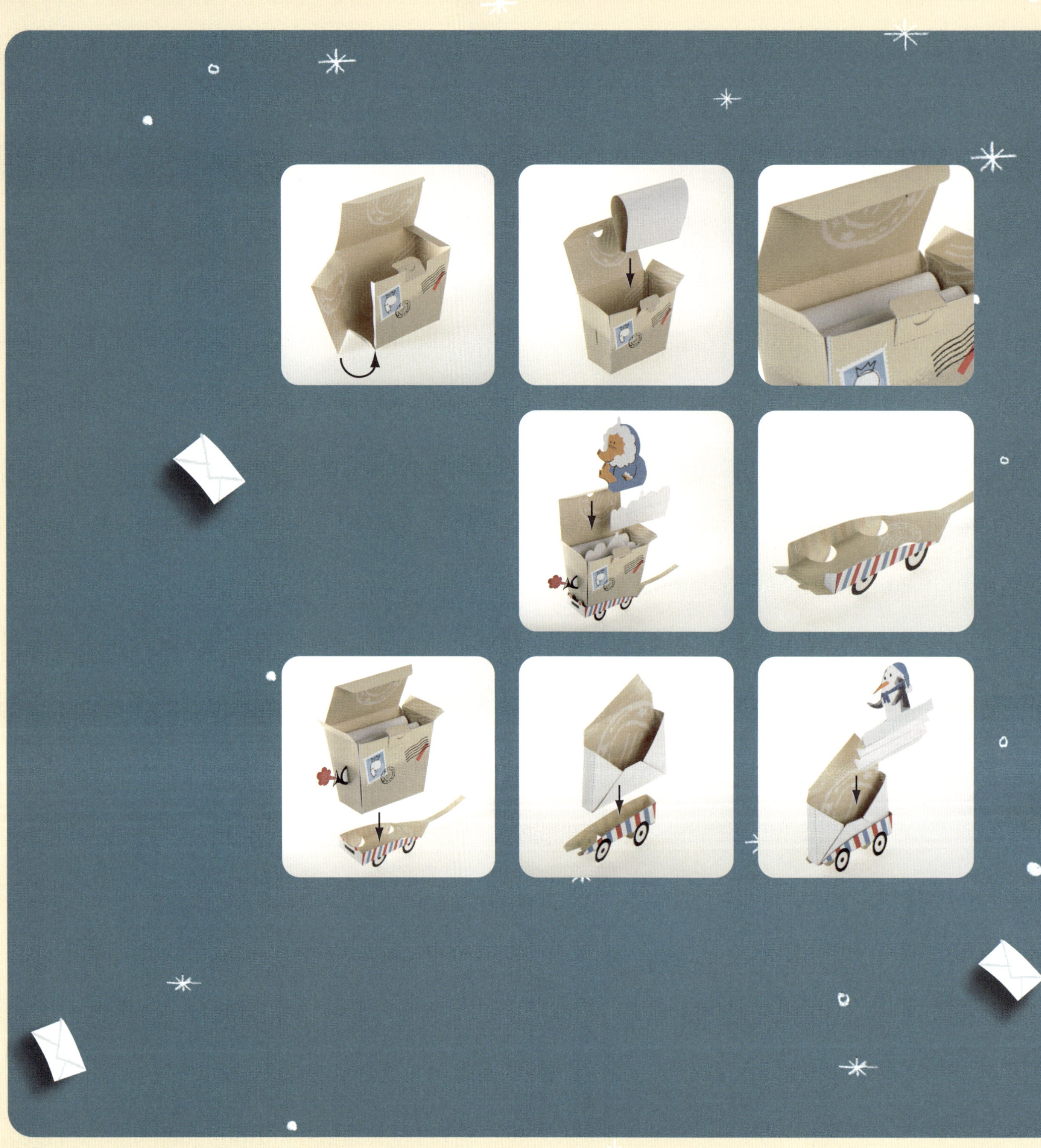

집으로 배달하는 **소포 자동차**

보글보글 거품 목욕차

푹신푹신 소파 자동차

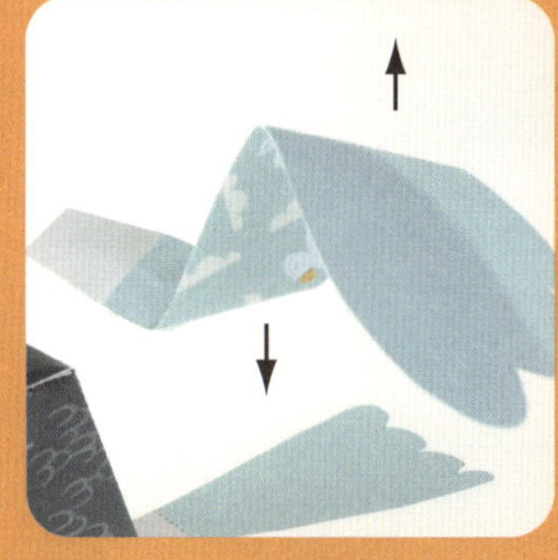

하늘을 나는 **기러기차**

내 맘대로 패션모델 옷장차

이 책을 쓴 **다비드 칼리** (Davide Cali)는 〈나는 기다립니다〉, 〈피아노 치기는 지겨워〉, 〈까망까망 섬의 까망이〉 등으로
국내에도 잘 알려진 이탈리아 아동 작가예요. 바오밥 상, 볼로냐라가치 상 등 많은 수상 경력이 있으며, 지금까지 30여 권의 어린이책을 썼어요.

이 책의 그림을 그린 **마우리지오 산투치**(Maurizio Santucci)는 이탈리아 피렌체의 ISIA 디자인 스쿨에서 공부를 하고, 광고계에서 큰 활약을 했어요.
종이를 잘라 입체감이 살아있는 그림을 만들지요. 지금은 프리랜서 일러스트레이터로 일하고 있어요.

초판 1쇄 펴낸날 2013년 3월 20일

글 다비드 칼리 그림 마우리지오 산투치 옮김 북 도슨트
펴낸이 최현희 편집 이선일, 강은경 디자인 박미영

펴낸곳 도서출판 푸른날개
주소 인천 연수구 연수 2동 620-11 201호 **홈페이지** www.bwbooks.co.kr
전화 032) 811-5103 팩스 032) 232-0557, 032) 821-0557
출판등록 제 131-91-44275
ISBN | 978-89-6559-047-7 13630
값 12,000원

First edition published in Italy by ZOOlibri in 2011 - Original edition's title: "Auto-Futuro"
Written by Davide Cali - Illustrated by Maurizio Santucci
Text and illustrations copyright © ZOOlibri - Reggio Emilia - Italia - All right reserved.
Korean translation copyright © Blue Wing Publishing Co. in 2013
Korean translation rights arranged with ZOOlibri through Orange Agency

이 책의 한국어판 저작권은 오렌지에이전시(Orange Agency)를 통해 저작권사와 독점 계약한 푸른날개에 있습니다.
신저작권법에 의해 한국 내에서 보호를 받는 저작물이므로 무단전재와 복제를 금합니다.